Für

Ulla,

David, Luisa, Otto, Esther, Tobias

und ...

Sowie

die

zahlreichen

Patientinnen und Patienten

die ich

begleiten durfte

und noch darf.

INHALTSVERZEICHNIS	Seite
Einführung	4
Prolog	6
1. Kapitel: Die Nacht, die lange Nacht der Sucht	7
2. Kapitel Albträume	48
3. Kapitel Bis zum Sonnenaufgang war noch Zeit	83
4. Kapitel Nun geht es unaufhaltsam dem Licht entgegen	119

Herstellung und Verlag:
BoD - Books on Demand, Norderstedt
ISBN 978-3-7347-3755-8

Einführung

Wer dem Sonnenaufgang entgegeneilt, der lässt auf alle Fälle die Dunkelheit, die dunkle Nacht der Sucht, hinter sich. Dem Sonnenaufgang entgegen bedeutet: Ein neuer Tag fängt an und damit eine neue Möglichkeit für das eigene Leben!
Dieser Tag hat sozusagen das Recht darauf gestaltet zu werden, Sie können etwas Gutes und Sinnvolles daraus machen, ihn nutzen, für sich nutzen.
Die Stichworte dafür sind **inneres Wachstum**, **Wandlung** und **Veränderung** – für mich wichtige Begriffe, die darauf abzielen, dass Neues im Leben möglich ist, wenn ich mir die Chance dazu gebe.

Dabei soll **inneres Wachstum,** Reifung und Erkennung der Gestaltungsmöglichkeiten des eigenen Lebens - und seien diese noch so gering - bedeuten.
Wandlung bezieht sich auf Situationen in denen ich lebe und in denen ich mich nicht (mehr) wohlfühle: In welche Richtung kann und möchte ich diese entwickeln, zu meiner eigenen Zufriedenheit?
Veränderung schließlich kann das Ergebnis von innerem Wachstum und eben der Einsicht sein, dass ich meine Haltung zu mir selbst und anderen oder meine Einstellung zu einem wichtigen Aspekt meines Lebens überdenken sollte und so gegebenenfalls anders mit mir selbst oder anderen umgehe – insofern also verändert bin.

Das Buch beginnt mit einer Sammlung von Ideen zur **langen Nacht der Sucht** – also einer Reflektion der schwierigen Zeiten im Leben eines Menschen. Wenn wir wissen wollen, was Morgen werden soll, dürfen wir das Gestern nicht außer Acht lassen.

Dann geht es noch einmal auch hinein in die möglichen **Albträume** der letzten Jahre – um sich selber klar zu machen was zurückgelassen wird und vor allem was man nicht mehr erleben möchte.

Da es **bis zum Sonnenaufgang noch Zeit ist**, kann mit Recht überlegt werden, ob der Schritt ins Licht, in den neuen Tag wirklich gegangen werden soll.

Und dann **geht es unaufhaltsam dem Licht entgegen.** Das setzt Kräfte und Energien frei, öffnet den Blick auf die eigenen Möglichkeiten, Fähigkeiten und Talente.

Das genau möchte dieses Buch leisten: Ressourcen finden mit der Sie, liebe Leserin und lieber Leser, ihre Veränderung sozusagen zünden können.

Die in diesem Buch abgebildeten Fotos sind aus meinem Privatarchiv, wer sich für diese oder weitere Fotos interessiert, dem empfehle ich **Superfotos - Bilderwelten** in eine Suchmaschine einzugeben oder im Internet **superfotos2011michaelsteven.npage.de**. Über diese Fotohomepage kann man auch mit mir in Kontakt treten. Da gibt es eine Linkliste und einen link zu meiner Fotoseite auf flickr – mittlerweile sind dort von mir 93 Alben zu unterschiedlichen Fotothemen abgelegt.

Essen, im Dezember 2014

Michael Steven

Prolog

**Endlich
war die Nacht,
die dunkle Nacht,
der Sucht
vorbei.**

                **Die Albträume
                verschwanden.**

**Bis zum
Sonnenaufgang
war noch
Zeit,**

doch es ging nun unaufhaltsam der Sonne, dem Licht, entgegen.

michael steven

1 Kapitel:

Die Nacht, die lange Nacht der Sucht

**Er ging
immer
bis
an
die
Grenzen,
oft
genug
darüber
hinaus.
Niemand
hatte ihm
Einhalt geboten,
einen Kompass
gegeben.
So verlor er sich…**

michael steven

ERZIEHUNG

fand
nicht statt!
dafür
gab es
Prügel!
Immer!
Und
für alles!
Zuhause
herrschte
der Suff
und
die Gleichgültigkeit.

    michael steven

**Sie
wurde
solange
geschlagen
bis sie sich selber schlug
und
schuldig fühlte
und
daran kaputt ging**

michael steven

**Die
gähnende Langeweile
eines Wochenendes,
der graue Alltag
wird durch
S U C H T M I T T E L
hellwach
grellbunt
und actionreich.**

**Und
was
passiert
danach?**

**Gähnende Langeweile,
grauer Alltag…**

michael steven

**Lange Zeit
hatte
das Leben
aus der Flasche
so
etwas
leichtes
unbeschwertes,
kindliches.**

**Bis
die
Realität
ein-
und
die
Sucht
ausbrach.**

      michael steven

Knock-out

Opfer auf dem Altar der Abhängigkeit

Nichts ist mehr wichtig

Totale Entgleisung

Reise ins Nichts

Orientierungslos sein

Lust-Verlust

Lohn des steten Konsums

Verlust von Möglichkeiten

Es geht bergab

Rauscherlebnisse

Losgelöst von allem sein

Umkehrbarkeit nicht möglich

Sinne betäuben

Todesnähe spüren

michael steven

SUCHT
ist
permanenter
STRESS
und
hat
nichts
mit einem
einfachen
Leben
zu
tun!

michael steven

Sie
war
den
permanenten Gewaltexzessen
von Vater und Mutter
ausgesetzt.
Und das
von früher Kindheit an.

                                        Ein
                                        Familien-Punching-Ball,
                                        der jeden Treffer
                                        einstecken
                                        musste.

Doch
bald
schon
teilte
auch sie
Schläge aus,
war aggressiv,
unausstehlich,
allein
und
wie immer
unendlich einsam.

michael steven

Ohne Kraft

Hilflos

Nichts geht mehr jetzt

Mit mir kann man alles machen

Angst stellt sich ein

Chaotische Gefühle

Hoffnungslos

Tatenlos

michael steven

S U C H T
ist
Leben
auf
tönernen
Füßen.
Manchem Menschen
erscheint man
dadurch
größer
attraktiver
selbstbewusster
stärker.
Kommt aber
leicht ins Straucheln,
       auf den
tönernen Füßen,
und
fällt…

michael steven

Manche
Reisen
verändern
dich
für
immer –
stand auf der
Schnapsflasche!
Und der Schnaps
veränderte ihn:
Er war ein friedvoller Mensch
und wurde gewalttätig,
war eigentlich korrekt
und verfiel der Schlamperei,
trug gerne Verantwortung
und vergaß alles…

michael steven

Als ich ihn kennenlernte, präsentierte er mir sofort seine Opfergeschichte. Alle anderen waren Schuld an seinem schicksalhaften Leben, Schuld daran, dass es ihm so schlecht ging, er nicht nach oben kam.
Er schimpfte auf die Gesellschaft, die Polizei, die Lehrer – eigentlich auf alle Menschen die er in seinem Leben getroffen hat.
Alle waren Schuld an seinem Unglück.
Nur einen einzigen, den zentralen Menschen, benannte er nicht:

SICH SELBER!!

michael steven

Heute nicht!

Einsamkeit

Mut fehlt

Minderwertigkeitsgefühle

Untertauchen

Nicht frei

Gespräche vermeiden

Empfindlichkeit

Nichts wagen

michael steven

Die
ÜBERHOLSPUR
ist
mein
Lebensraum,
dachte er.
Und
drehte
auf,
bis er
sich
fast
selbst
überholte,
völlig
abdrehte,
durchdrehte
und sein
eigenes Tempo
nicht mehr
halten
konnte…

michael steven

ZAPPELPHILIPP
sagten alle
zu ihm,
dabei hieß er Peter.
Zappelphilipp –
er konnte nicht ruhig sitzen,
war ständig unterwegs,
Konzentration gleich Null.
Freunde gab es kaum.
Die Eltern waren ratlos…
Den Lehrern fiel nichts mehr ein…
Ärzte hatten Medikamente…
Die machten ihn ruhig!!
Irgendwann
entdeckte er
Cannabis + Amphetamin.
Jahre später
lernte
ich ihn
kennen.

                    michael steven

SPANNUNG!
HOCHSPANNUNG!
EXPLOSION!
Waren
seit
der
Kindheit
bekannte
Lebensbegleiter!!!
ENT-SPANNUNG
Und
ENT-SCHÄRFUNG
nur
mit
Suchtmitteln
möglich!
Bis
alles
explodierte
und
nichts
mehr
ging…

michael steven

Probleme

beiseite
zu schieben,
ist die
beste Möglichkeit
sie
zu vergrößern
zu verbreitern,
um eventuell
dahinter
fluchtartig
zu verschwinden.

**Aber
ungelöste Probleme
nehmen
die Verfolgung
auf…**

michael steven

Co-Abhängig
zu sein
ist ein
Vollzeitjob.
Immer
die
Lücken
füllen,
die die Sucht
reißt,
beansprucht
den ganzen
Menschen,
genau
wie
die
Sucht
selber.

michael steven

Wer
sich
nicht
wehrt,
lebt
verkehrt:
- muss alles schlucken,
- fühlt sich hilflos,
- fühlt sich schwach,
- fühlt sich ohnmächtig,
- wird leicht übergangen,
- wird häufig auch übervorteilt.
Rettet
sich
meist
in
den Alkohol
oder
ein
anderes
Suchtmittel.

michael steven

**Wer
sein
LACHEN
verliert,
muss
sich
betäuben,
bis
er
es
wiederfindet…**

michael steven

Entspannung war für Sie einfach schwierig.
Entspannung, dass heißt doch Faulsein, sagten die Eltern. Wir haben uns nie entspannt und sind auch erwachsen geworden, meinten sie.
Mach erst mal, arbeite, setz Dich ein, klag nicht, nie! – dann kannst Du vielleicht mal entspannen.
Doch entspannen tat sie nie mehr, dafür betäubte Sie sich mit Alkohol und dann auch mit Medikamenten, bis sie nicht mehr aus dem Bett kam...

    michael steven

**Zu schnell,
zu viel,
zu umfassend,
zu sehr verstehend
etwas
für
den anderen
tun
macht ihn
unfähig
und
führt zur
Co-Abhängigkeit.**

michael steven

**Reden ist Silber –
Schweigen ist Gold.**

                **Mancher
                Mensch
                hat
                demnach
                viel
                Gold
                im Leben
                gemacht.**

**In der Regel
hat
es sich
dann
verflüssigt.**

                michael steven

GEDULD,
ABWARTEN,
etwas sich entwickeln lassen,
einen Gang zurückschalten,
war
noch
nie
ihre
Stärke.
Sie
lief
lieber
immer schnell
und
wunderte sich,
dass sie über ihre
Beine fiel.

michael steven

**Wer
suchtkrank ist
hat
Angst
vor dem
Leben
und
vor dem
Tod.**

**Suchtkrankheit
bedeutet
demnach
Stillstand.**

michael steven

Könnte…
Wollte…
Hätte…
ich doch…
!!!!!
Die Überlegungen Suchtkranker, die in der Regel in die Tatenlosigkeit führen!

michael steven

**Ein
falsches
Wort
hat
immer
ausgereicht
und er ist
ausgeflippt,
weggelaufen,
hat gesoffen,
zerstört,
sich und
andere,
nichts mehr gehört,
sich total fallen lassen!**

**Weitergekommen
ist er
damit nicht!**

michael steven

15 Jahre
harte Drogen,
plus
25 Jahre
kiffen,
plus
20 Jahre
Alkohol,
tut
unterm
Strich
dem Kopf
und
der Leber
nicht gut.

michael steven

„Es
ist
mir
alles
zu viel!"

          Deshalb
          trank
          sie
          nie
          zu wenig.

michael steven

Manche
Menschen
leben
nur
mit Superlativen:

        4,8 Promille Alkohol im Blut
        3500 Gamma-GT
        3 Flaschen Korn pro Tag
        7 Gramm Haschisch täglich
        6 Kästen Bier in der Woche.

Und bringen sich
damit
Stück für Stück
um.

michael steven

Heute
sind wohl
vor allem
Menschen
gefragt,
die viel
schlucken
nicht aufbegehren
kaum Rückgrat zeigen
sich anpassen
keine Kritik äußern.
Vielleicht
nehmen
deshalb
so viele
Menschen
Drogen,
Alkohol,
Tabletten...

michael steven

„Es
ist
mir
alles
zu
anstrengend!"

Und
schon
war
die
Flasche
leer,
der
Joint
geraucht.

michael steven

Das bisschen, was ich rede, kann ich auch trinken!!

michael steven

ABWARTEN
  ABWARTEN
    ABWARTEN
      ABWARTEN
        ABWARTEN
          ABWARTEN
            ABWARTEN
              ABWARTEN
              Nichts passiert!
              ABWARTEN
            ABWARTEN
          ABWARTEN
         ABWARTEN
           Wieder passiert nichts!
          ABWARTEN
           ABWARTEN
Suchtmittel konsumieren:
      Die Welt wird
      BUNT
      und
      SCHRILL.

michael steven

Er war ein Mann, meinte alles zu wissen und zu können, weil er ein Mann war. Vom Vater hatte er gelernt: „Frag nicht viel – mach lieber!" So dachte er, wenn er macht, ist alles in Ordnung.

Er merkte gar nicht, wie sehr er sich immer in den Vordergrund stellte, nur seine Meinung gelten ließ und wie er immer einsamer wurde, bis niemand mehr da war, nur noch die Flasche, die er brauchte, um sich zu betäuben und von der er nicht genug bekommen konnte – bis gar nichts mehr ging…

michael steven

Gearbeitet
hat
er
immer
und
immer auch
getrunken!!
Jetzt
ist
er
alt,
vergesslich,
einsam
und versoffen!

H i l f e?

Wäre gut!

Lässt er aber nicht zu!
Er braucht keine Hilfe!

michael steven

GRENZEN,
ja
die kannte er
genau.
Nie mehr
wollte
er
sich
begrenzen
lassen.
In
seiner
Grenzenlosigkeit
fand
er sich
irgendwann selbst
nicht mehr.

michael steven

Wenn
alles
im Leben
oder
die
Hauptsachen
gleich gültig sind,
wird
man
leicht
gleichgültig.

michael steven

**Er
hatte
Angst
alles
zu
verlieren:**
        seine Arbeitsstelle
        seine Ehefrau
        seine Kinder
        seine Wohnung
**wenn er die Therapie macht,
wenn er nicht auf der Arbeit ist,
wenn er nicht zuhause ist,
wenn er nicht alles unter Kontrolle hat.**

**Deshalb brach er
die Therapie ab
und
verlor
alles:**
        seine Arbeitsstelle
        seine Ehefrau
        den Kontakt zu den Kindern
        seine Wohnung

                        michael steven

2. Kapitel

Albträume

In der Therapie:

„Ich
trinke
nicht mehr
und es soll
alles so bleiben
wie bisher..."

Später:
trank er/sie mehr,
es sollte ja alles
bleiben
wie bisher!

michael steven

**Am
Liebsten
hatte
er
seine
Ruhe
und
eine
Flasche Bier
und
noch eine
und
noch eine
und
noch eine
und
noch eine
und
…
Und
jetzt
hat
er
seine
RUHE**

**Für
immer!**

                        michael steven

In der
eigenen
Haut
hat
sie
sich
nie
wohlgefühlt!

So
tapezierte
sie
sich
eine neue
auf die
Haut.

Abschreckend
schön!

michael steven

**Die
eigene
Sucht
kannte
er
in-
und
auswendig
und
verlief
sich
doch
immer
wieder
in
ihr.**

michael steven

Vor
Jahren
kam
er,
da hatte er
noch Arbeit.

Dann
kam
er,
und hatte noch
Familie.

Beim
3. Mal
hatte
er
weder
Familie
noch
Arbeit

Danach
auch
keine
Wohnung
mehr.

Und
dann
habe
ich
ihn
nicht mehr gesehen…

michael steven

Totale Angst

Ratlosigkeit

Aufschrecken

Unglaubliche Bilder

Magenschmerzen

Ausraster

michael steven

**Sie
war
häufig
das Opfer:
bei ihrem Vater
dem ersten Freund
ihrem Ehemann
dem Alkohol.**

**Bis
Sie
sich
befreite,
da…**

michael steven

GEWALT
gab es immer
in seinem Leben!

      So
      schlug
      er
      sich
      durch…
            … die Familie
            … die Heime
            … den Ehestand
            … den Alltag.

Bis er
krank war,
müde,
alt und
kraftlos
und nur noch
Hass
im Herzen
trug.

      michael steven

Menschen
machten
ihr
immer schon Angst!

Vater,
mit seiner übertriebenen
Ordnungsliebe.
Mutter,
mit ihrem Sauberkeitsfimmel.
Viele Forderungen,
wenig Herz,
wenig Wärme…

Heute
bleibt sie lieber im
dunklen Zimmer,
damit
sie Ruhe hat,
niemanden sehen muss,
nicht gefordert wird…

michael steven

Er
hatte oft
„Theater" mit den Behörden.
„Gammler!", sagten sie.
Er wollte
weg, raus, abhauen
F L U C H T!!!!
Doch er flog auf
und in Bautzen ein!
Folterknast???!!!!
Umerziehung???!!!!!

Er
kam
ohne
Rückgrat
raus.
Saufen
konnten
sie ihm
nicht verbieten.
So lernte ich ihn
kennen!

michael steven

**Es
gibt
ein Leben
vor
dem Tod.**

!!!

**Viele
Menschen
wissen
das nicht,
andere
wollen
es
nicht
wissen
und
Dritte
lernen
es
nie
kennen!**

michael steven

**KINDER
LAUFEN
IMMER
GEFAHR
OPFER
ZU WERDEN –**

Manchmal
die
ihrer
eigenen
Eltern

michael steven

Viele
Menschen
wirken
ganz
normal.

    Doch
    Nacht für Nacht
    kommt
    zu Ihnen
    ihr Trauma zurück.
    Sie
    wachen
    schweißgebadet auf,
    haben
    schreckliche Angst
    und
    schlafen kaum.

Viele
Menschen
wirken
ganz
normal.

    michael steven

Schneiden

Es ist nicht auszuhalten

Leben- was ist das?

Brennen

Spannung nicht mehr aushalten

Totalverlust des ICH

VERLUSTÄNGSTE

Einsamkeit

Ritzen

Leben ist schwer

Es fehlten Menschen

Totale Wut

Zerstörung

Untergangsstimmung

Notbremse

Geheimnisse

                        michael steven

Alles wird eng

Niemand kann helfen

GEFAHREN!!!!

Suizidgedanken

Tiefer Fall

michael steven

Ich bin

in meinem Leben

immer nur

Ohne Schuld bin ich

Probleme entstehen aus dem Nichts

Fantasiertes Leben

Es passiert alles ohne mein Zutun

Realitätsverleugnung

michael steven

KINDER
sind
das
Wichtigste
auf
der Welt!

Wenn
das
WICHTIGSTE
nicht
etwas anderes
ist:
DROGEN
SPIELEN
ALKOHOL
…
…
…
DANN:
Wehe
den
Kindern!

michael steven

MISSBRAUCH

MISSBRAUCH

MISSBRAUCH

passiert
im
Geheimen.
Und das
Leiden
währt
ein
Leben
lang.

michael steven

**Entweder
Überholspur
oder
Tod
denkt so mancher!
Dabei
wird
übersehen,
dass man
auf der
Überholspur
leicht
zu Tode
kommen
kann!**

michael steven

**Ein
entspanntes Leben
war
immer
das Ziel,
aber
schwierig
zu
erreichen.**

**Cannabis
Alkohol
ermöglichten
es scheinbar
im
Handumdreh'n.**

michael steven

Irgendwann
war es soweit!!!!!
Vieles
geriet in
Vergessenheit:
Altes war präsent,
nur die neuen Dinge…
Der Alkohol
forderte
seinen
Tribut:
Es war
als
würde
das Gedächtnis,
das Denken,
langsam versanden
bis
nichts
mehr
übrig
blieb!

michael steven

Der
TOD
war
so etwas
Unkalkulierbares.
Es machte
Angst,
diese
Ungewissheit
tat weh…
Alkohol
tat da gut!
Bloß
nicht
dran
denken:
An das
Unkalkulierbare,
Ungewisse,
Unheimliche.

michael steven

Grausamkeiten

Erniedrigungen

Wutausbrüche

Aggressive Handlungen

Lust am Quälen

Töten

michael steven

Betrunken
verletzte
er
immer wieder
andere:
- seine Ehefrau
- seine Kinder
- andere Männer
- gegnerische Fans.
Bis er
jemanden
totschlug!
Im
Gefängnis
ging es weiter.
Bis
ihn
jemand
totschlug!
Gewalt
kann keine
Lösung
sein…

michael steven

Abhängige
und
Co-Abhängige
sind die
zwei Seiten
des Suchtdramas:
Der
eine
tanzt
mit dem Suchtmittel
bis er
schwindelig wird.
Und der
andere
sorgt dafür,
dass die Musik,
zu diesem Tanz,
weiterspielt.

michael steven

Oft
war es
schwierig
miteinander
ins Gespräch
zu kommen!!!
WARUM???
Jeder
wollte Schutz,
nichts
von sich
zeigen,
sich nicht
angreifbar machen.
So war
man einfach
s p r a c h l o s!!!

michael steven

**Aggression
gehört
zu unserem
Leben,
hält uns lebendig,
tatkräftig
und
durchsetzungsfähig.
Zuviel
Aggression
zerstört,
macht einsam,
verletzt.**

michael steven

**Wer
fällt
und
liegen
bleibt
verpasst
etwas
ganz
wichtiges!!!
NÄMLICH:
Die eigene
Weiterentwicklung!!!**

    michael steven

**Wer die
Arbeit
an seiner
Veränderung
nicht ernst nimmt,
ist in der Regel
an seinem
Leben
kaum interessiert.**

michael steven

Früh
hatte
sie
gelernt
zu stehlen
und
wurde
dadurch
vor den Schlägen,
vor Missbrauch
geschützt.
Später
stahl
sie weiter,
weil das ihre Art
der Kommunikation
und
des Umgangs
mit anderen war.
Das machte sie
kriminell!
Und keiner verstand sie!
Wie auch???!!!

michael steven

**Viele
Menschen
Leben lange
auf dem
Schnellstraße zur Hölle:
Dort ist es
schrill,
schnell
heiß
grell,
einfach für sie interessant.**

**Bis es
immer
weiter
abwärts
geht…**

michael steven

Wer
sich
um
sein
Leben
nicht
bemüht,
bleibt
in der
Sucht
stecken!
Und
bringt
sich weiter
Stück
für
Stück
um.

michael steven

                    Ich
                    habe es
                    immer
                    eilig!
                    Es kann nicht
                    schnell genug
                    gehen!

Warum nur?
Verpasse ich etwas?
Darf ich nicht langsam sein?
Ich
weiß
es
nicht
genau!

                    Ich weiß nur:
                    Ich
                    habe es
                    immer
                    eilig!

michael steven

3. Kapitel

Bis zum Sonnenaufgang war noch Zeit

ANSPANNUNG
und
ENTSPANNUNG,
daraus
besteht
das Leben!
DOCH:
Anspannung und
Entspannung
müssen
in Waage sein,
beide Waagschalen
gleich schwer
wiegen.
Es geht um
Ausgewogenheit.

michael steven

„Ich brauche Hilfe!"

Erst wenn
der Abhängige
diese drei Worte
sagt
und
meint,
kann
persönliche
Veränderung
beginnen.

michael steven

**Ohne Erkenntnisse
keine Veränderung!!!
Doch wie erlange ich
Erkentnis(se)?**

**Indem ich mich
und mein Leben,
also mein Gewordensein,
immer mehr und besser
kennenlerne,
erkenne ich mich selber
und gewinne
zu meinem Leben
Erkenntnisse,
die ich für mich
nutzen kann,
nämlich
für meine
Veränderung.**

michael steven

TUMOR!!! -
Eine Diagnose,
die
wie ein Klumpen
im Hals stecken
bleibt.
Wie soll es
damit weitergehen?
Kann man da
nicht verzweifeln?
Alles nur
schwarz Sehen?

Ja kann man...

Man
kann
sich
aber
auch
vorbereiten,
auf
das
was
kommt...
michael steven

**Isolation
ist
nicht
die Lösung
des Problems.
Stellung nehmen,
auch wenn es
schwer fällt,
ist das
was
zählt.**

                    michael steven

Der
Tod
ereilt uns alle!!!
Von daher
ist es gut,
sich so früh
wie möglich
damit
auseinander zu setzen,
damit anzufreunden.
Denn der Tod
kann uns
überraschen
und wir sind
unvorbereitet:
Als Sterbende/r
oder auch
als Überlebende/r!!!

michael steven

Was
ist
ein
gutes
Leben?

Weiß ich nicht!

Ich weiß aber,
dazu gehört
auf jeden Fall,
sich Zeit
zum Nachdenken
zu nehmen
und nicht
einfach nur
drauf los
zu leben.

michael steven

Angesichts des Todes
der jeden ereilt,
wäre es gut,
das Leben zu genießen.

Manch einer
genießt so sehr,
dass er aus seinem Leben,
Stück für Stück
eine Grabkammer macht.

Das Leben genießen,
könnte heißen:
es zu spüren,
es auszuprobieren,
gut zu sich zu sein!

michael steven

Sein Vater
hatte ihm ein
gewaltiges Erbe
hinterlassen:
„Geht nicht, gibt's nicht!"
„Gefühle spielen keine Rolle!"
„Sei wenigstens 100%tig – besser sind
150%!"
„Deine Arbeit ist Dein Leben!"
„Erfülle Deine Pflichten!"
„Nimm keine Rücksicht auf Dich!"

Daran trug er
von
Jahr zu Jahr
schwerer,
bis er
zusammenbrach
und erkennen musste,
dass er endlich
dieses Erbe
ablehnen muss.

michael steven

**Jeden Tag
gibt es
die
Möglichkeit
nichts zu tun,
den Tag
an sich
vorbeirauschen
zu lassen!**

**Wer sich
verändern will
hat
dafür keine Zeit!**

michael steven

**Wenn
man
sich
verändern
will,
muss
man
alte
Muster
zur Seite legen
und
neue, andere
weben.**

michael steven

**Das Leben
wahrzunehmen
und
anzunehmen
so
wie
es ist,
bedeutet
suchtmittelfrei
zu werden.**

michael steven

Therapie
kann
etwas
Ermutigendes,
Kreatives,
neu
Hervorbringendes
sein.
Wenn
ich
mir
dazu
die
Chance
gebe.

michael steven

Zeit nutzen

Interesse zeigen

Engagiert sein

Lust zu Leben

Endlich ankommen

michael steven

Die
Abhängigkeit
von
einem
Suchtmittel
ist
die
einfachste
Erkrankung der Welt!!!!

Man
muss
nur
die
Finger
vom
Suchtmittel
lassen.

UND DAS
SCHEINT
DAS SCHWERSTE!!!!

michael steven

Die
Sonne
ging
endlich
auf.
Die
Dunkelheit
der
Sucht
verschwand
mehr und mehr!

Hoffentlich
konnte
Sie
so viel
Helligkeit
(v)ertragen!?

michael steven

Einige
meiner
PatientInnen
wären
sicherlich
großartige
KünstlerInnen!-

        Wenn
        sie
        ihre
        gesamte
        Kreativität
        nicht
        in
        die
        Sucht
        stecken
        würden!!

michael steven

**Manchmal
gibt
es
Situationen im Leben,
die
einen Menschen
regelrecht
überfahren,
ratlos, hilflos
machen!
Was tun?
Vielleicht
daran denken:**

**Es gibt
immer eine Lösung -
für jedes Problem!**

michael steven

Immer wieder kam er in die Entgiftung.
Erzählte von Schlaf-störungen, Gereizt sein, unkontrollierten Handlungen.
Doch er erzählte nie die ganze Wahrheit.
Immer blieb etwas auf der Strecke, wie er selber mehr und mehr.
Und dann eines Tages, konnte er es nicht mehr aushalten: Er sprach von traumatischen Erlebnissen, Albträumen, Wiedererleben von schrecklichen Situationen, Misstrauen.

E N D L I C H!!!

Trotzdem dauerte es, bis er sich zu einer Behandlung, die ihm wirklich weiterhelfen konnte, entschied.
Aber er hat sich dafür entschieden!!!!

michael steven

H O F F N U N G
gab
es
in Ihrem Leben nicht!
Es
gab
viel
Dunkelheit und Unsicherheit!

Hoffnung
hat
sie sich erarbeitet,
gibt ihr
mittlerweile
Kraft,
ihr
Leben
in die
eigene
Hand
zu nehmen.

michael steven

Sie sagte:
„Ich kann nicht mehr lachen!"
denn es
gab
nichts zu lachen
in ihrem Leben.

Dann überraschte
sie das Lachen
eines Tages
und
sie spürte eine
Kraft und Stärke
und
hatte
Tränen in den
Augen,
nicht nur vom
LACHEN.

michael steven

**Lassen
Sie
Ihrem
Lachen
freien
Lauf!!**

**Wenn
Sie es
nicht
selbst tun,
wer
sollte
es
dann
für
Sie
tun?**

michael steven

**SPANNUNGEN
gab
es
genug
in ihrem
Leben.
ENTSPANNUNG
nur
mit
Suchtmitteln!!!
Das
sollte
sich ändern!**

ENDLICH!!!

**Endlich Entspannung
ohne Suchtmittel**

michael steven

**Jeder Mensch
kennt
den Schlaf
und
damit
kennt
jeder
Mensch
auch
Entspannung…**

**So
einfach
ist
das!!!!**

michael steven

**Therapeut-sein
bedeutet,
die
Mitverantwortung
für die
Gesundung
des Patienten
zu tragen
und sie,
mehr und mehr,
an die
Verantwortung
des
Patienten
abzugeben.**

michael steven

LACHEN SIE -
wenigstens
einmal am Tag!

Das
ist besser
als
einmal am Tag
eine Flasche Korn
zu trinken.

      michael steven

ICH WILL MICH VERÄNDERN!

Kann ein
hoffnungsvoller
Beginn
sein
und
kann
Zukunft
haben!!!

michael steven

Wer
die
Verantwortung
für
sein Leben
n i c h t
tragen will,
gibt sie weiter
an
ein
Suchtmittel
Und ist
Sie los!!!

Und dann…???

                michael steven

Manche Menschen
haben die
Wegwerfgesellschaft
zu ihrem
Lebensprinzip
erhoben:
Sie benutzen
andere Menschen,
nutzen
sie aus
und
werfen sie
weg.
Wenige Menschen
wehren sich
dagegen.
Doch das wäre
notwendig
für die
Veränderung
der einen
wie der
anderen.

        michael steven

MANN – SEIN
oder
FRAU - SEIN
bedeutet,
von dem
Menschen
Abschied
zu nehmen,
den ich
vorgegeben habe
zu sein,
um
der
zu werden
der
ICH
wirklich
bin!

Dazu muss ich mir
die Möglichkeit
geben,
meine Höhen und Tiefen,
Versagen und Möglichkeiten,
hellen und dunklen Seiten
meiner Persönlichkeit
kennenzulernen
und
dies alles,
als zu mir gehörig,
akzeptieren.

michael steven

GELASSENHEIT:
Nichts zu sehr Wollen,
abwarten können,
entspannen,
klug und
mit Übersicht
handeln.
Sein Ziel
trotzdem
nicht
aus den Augen
verlieren.
Und
vorwärts
schreiten.

michael steven

**Hin
und
wieder
tut
eine Wanderung gut:
Man spürt
seine eigenen Kräfte,
kommt in Kontakt
mit seinen Grenzen,
lernt seine
Energie einzuteilen
und
kommt dann
an sein Ziel.**

michael steven

Veränderung, Veränderung – immer soll ich michverändern, alle verlangen von mir Veränderung!
    Was soll ich denn verändern?
    Was kann ich verändern?
Veränderung – vielleicht sollte ich darüber nachdenken, wie alles gekommen ist, dass ich mich jetzt verändern muss.
Was ist in meinem Leben nicht so gelaufen, wie es hätte laufen sollen?
Wann und wozu habe ich Suchtmittel eingesetzt und was mache ich demnächst stattdessen?
So könnte Veränderung anfangen…

michael steven

Sich
selbst
boykottieren,
konnte
sie
sehr
gut.

        Entwicklung
        fand
        kaum
        statt.
        Stillstand
        war
        Programm.

Also,
was tun?

        Veränderung
        ist
        notwendig!!

THERAPIE!!!

michael steven

**Ach Gott, ach Gott!
Was kann
ich nur tun?
Was muss
nur gescheh'n?
Ich habe mich
in der
Sucht
verloren !!!**

**Dann
mach
dich,
ohne Umweg über das
Suchtmittel,
auf
den
Weg
zu Dir selbst!!!!**

michael steven

4. Kapitel

Nun geht es unaufhaltsam dem Licht entgegen

**Bleib'
wie Du
bist
und
entwickel'
Dich weiter!**

**Heißt:
Bewahre
Bewährtes
und
verändere
was
notwendig!**

**Viel
Erfolg!**

michael steven

Entgiftung
ist
immer
anders
und
hat
nichts
mit einem
Spaziergang
zu tun.
Eher noch
mit einer
schwierigen
Bergtour
oder
einem
Marathonlauf.
Allerdings
ohne
atemberaubender
Aussicht
oder
beifallklatschendem
Publikum.

michael steven

**Wer
tiefgreifende Probleme
und
umfassende Schwierigkeiten
der Vergangenheit
nicht wiederholen will,
muss sich ihnen stellen,
sie aufarbeiten,
im Prinzip
etwas Neues daraus lernen!**

**Die Verweigerung von
Vergangenheitsbewältigung,
also die Nichtbeschäftigung
mit der eigenen Vergangenheit
und
der eigenen Geschichte,
bewirkt
Stillstand
Rück- oder auch
Fehlentwicklung
von
Menschen,
politischen Parteien,
gesellschaftlichen Gruppen!!!**

**Und das kann durchaus
gefährlich werden...**

michael steven

JAHRE

Er war g'rad' drei,
sie feierten Nacht für Nacht.
Den Eltern war es einerlei
und er ist immer aufgewacht

Sie war g'rad' sieben,
ein Leben mit Hieben.
Was ist ihr geblieben?
Sie sagten, dass sie sie lieben!

Er war g'rad' zehn,
konnte es kaum versteh'n,
warum die Eltern auseinandergeh'n.
Nichts blieb mehr besteh'n.

Dreizehn war sie g'rad',
Pubertät, Pubertät,
die Zeit war hart
und keiner da der sie versteht.

Neunzehn erlebt er beim Bund,
da ging es da schon ziemlich rund.
Alles hinein in den Schlund,
oft soff er und schlug sich wund.

Mit achtundzwanzig war er in Haft,
bis hierher hat er es geschafft.
Suff, Schlägereien, und Diebstahl,
Den Kopf rasierte er sich kahl.

Mit fünfunddreißig saß sie bei mir,
hatte genug von Drogen und Bier,
sagte sie zuversichtlich hier.
Hinterher kam sie nach 'nem Delir.

Einmal hat er es dann kapiert,
Verantwortung tragen, Grenzen zieh'n.
Er hat vor dem Suchtmittel kapituliert,
muss nicht mehr vorm Leben flieh'n.

michael steven

Hinweise zur Gestaltung des persönlichen Sonnenaufgangs

Ärger gibt es immer mal im Leben. Was hilft? Das Gespräch kann den Ärger lösen, die Missverständnisse in gegenseitiges Verstehen wandeln und unterschiedliche Sichtweisen miteinander in Verbindung bringen.

Aufgaben zu lösen hat jeder Suchtkranke, der sich auf ein abstinentes Leben einstellen will:
Welcher Selbsthilfegruppe schließe ich mich an? Wie viel Raum gebe ich den Suchtmitteln noch in meinem Leben? Habe ich den Alkohol zuhause oder schaffe ich mir eine alkoholfreie Atmosphäre? Besuche ich die Selbsthilfegruppe mit meinem Partner/meiner Partnerin oder allein? Sollte ich über die Therapie hinaus regelmäßig psychotherapeutische Hilfe in Anspruch nehmen?...

Ausdauer ist wichtig beim Durchhalten der Abstinenz von Suchtmitteln: Sich nicht zu schnell zufrieden geben, dran bleiben, Motivation für die Abstinenz entwickeln.

Dankbarkeit hat nichts mit Schmeichelei oder Unterwürfigkeit zu tun, sondern ist eine Regung die aus dem Herzen, dem Gefühl kommt und auf Denken folgt.

Denken ist eine Voraussetzung für die gelungene Abstinenz.

WERTSCHÄTZUNG –
wichtig
für
Menschen!

Wertgeschätzte
werden auch
andere
wertschätzen!

Vor allem
die eigenen
Kinder!!!

michael steven

THERAPIE
bedeutet
auch:
Kleine Schritte gehen,
sich über
minimale Erfolge
freuen,
mal für
eine Stunde,
einen Tag
ein
anderes Gefühl
für sich bekommen,
die eigenen
Stärken
mehr
und
mehr
spüren.

michael steven

Als
Menschen
bleibt
uns keine
andere Wahl,
als uns
mit dem
Unvermeidlichen
auseinanderzusetzen:

                        Der
                        Tod
                        ist
                        immer
                        ein Teil
                        unseres Lebens.

       Entweder der Tod
       der anderen
       oder
       der eigene Tod!

                        Weglaufen
                        nutzt
                        nichts…

michael steven

**Wer
wirklich
frei
sein will,
braucht
Bindung,
um die
Bodenhaftung
nicht
zu
verlieren.**

michael steven

Hinweise zur Gestaltung des persönlichen Sonnenaufgangs

Ein **Egoist** im positiven Sinne ist ein Mensch der darum bemüht ist, dass es ihm gut geht – aber nicht auf Kosten anderer Menschen. Ein guter Egoist liebt sich selbst, weil er dann auch auf andere zugehen, sie unterstützen und hilfreich sein kann.

Ehrlichkeit ist für die Abstinenz enorm wichtig, ja unerlässlich: Ehrlich vor allem zu sich selbst sein, den eigenen Wünschen und Bedürfnissen gegenüber.

Eile mit Weile heißt: Lass Dir Zeit, wenn es schnell gehen soll oder muss. Denn, wer nur in Eile ist, kann auch an seinem Ziel und seinem Glück vorbeilaufen.

Einsicht ist immer die Grundlage für die Veränderung des Lebens. Einsicht ist der Dreh- und Angelpunkt für eine andere, bessere und konstruktive Zukunft.

Eine **Entscheidung** treffen ist nicht immer einfach, kann einem aus der Alltagsroutine reißen und fordert Nachdenken und Nachdenklichkeit. Wer sich nicht entscheidet muss so weiterleben und –leiden wie bisher.

SELBST-
    bestimmung
    bewußtsein
    erkenntnis
    findung
    kritik
    mitleid
    sicherheit
    verantwortung
    vertrauen
    wertgefühl

Wie man sieht:
Das SELBST ist ganz
wichtig.

michael steven

SPANNUNGEN
SPANNUNGEN
SPANNUNGEN
immer nur
SPANNUNGEN
SPANNUNGEN
SPANNUNGEN
unaushaltbar
unerträglich
zerreißend.
Wo
ist
die
Lösung?
Sie liegt
in der

THERAPIE!!

michael steven

Ohne Selbsthilfegruppe keine Abstinenz, ohne Abstinenz kein Leben.

michael steven

**Manchmal
ist es
notwendig,
dem Alltag
zu entfliehen!**

**Eine
Auszeit nehmen,
die Seele
baumeln lassen,
nur für sich
da sein.**

**Manchmal
Ist es
einfach notwendig,
sich wieder**

    **auf sich selbst
zu besinnen.
Zu wissen,
wer man ist!**

michael steven

Hinweise zur Gestaltung des persönlichen Sonnenaufgangs

Enttäuschung positiv betrachtet kann der Beginn von Veränderung oder Wandlung sein und Einsichten fördern – in der Art: „Endlich den Täuschungen entkommen!"

Entwicklung kann beschrieben werden als voranschreitende Bewegung in Richtung auf ein besseres, lebenswerteres Leben.

Erfolg im Leben ist ein individueller Maßstab. Ich behaupte: Erfolgreich in seinem Leben ist jemand dann, wenn er mit seinem Leben zufrieden ist und nicht nach mehr, besser, höher, weiter schauen muss!

Etwas wagen muss der Mensch immer, wenn er in die Therapie geht: Er muss Vertrauen fassen, sich öffnen, sich seinen Defiziten stellen und seine Stärken und Fähigkeiten entdecken wollen. Das alles ist, nach jahrelangem Suchtmittelkonsum, ein Wagnis, das viele PatientInnen scheuen, alles so lassen wie es ist und dann wieder zum Suchtmittel greifen. Etwas wagen heißt eben auch, sich auf die Therapie einlassen und sie für sich nutzen.

Fähigkeiten hat jeder Mensch. UND: Wenn sich der einzelne als fähiger Mensch begreift oder als Mensch mit Fähigkeiten, kann er Kräfte entwickeln, sein Leben so zu gestalten, wie es angenehm und gut ist für ihn.

Änderung, Veränderung macht sich auch in der eigenen Wortwahl deutlich!!

michael steven

Offenheit anstreben

Unvermutet über sich die Wahrheit sagen

Toleranz einfordern

Ich gebe das Versteckspielen auf

Nicht mehr lügen

Gradlinig werden und sein

ENDLICH!!!

michael steven

VERANTWORTUNG
ist
das
Schlüsselkonzept
für
die
Abstinenz.

!!!!!!!

Ich muss
als
Abhängigkeitskranke/r
Antwort
darauf geben,
ob ich so
weiterleben will
wie bisher
oder
anders Leben
möchte.

michael steven

Es gibt ein Leben vor dem Tod?!

Mutter hat gesoffen,
Vater war weg.
Alles aus dem Lot!
Doch es gibt ein Leben.
vor dem Tod?!

Rein ins Heim,
ins zweite und dritte
oft sah er Rot!
Doch es gibt ein Leben
vor dem Tod?!

Dann fand er Freunde,
alle soffen und kifften
und er saß mit ihnen
im sinkenden Boot!
Doch es gibt ein Leben
vor dem Tod?!

**Drogengeschäfte
Körperverletzung
und er schwamm
so richtig im Kot!
Doch es gibt ein Leben
vor dem Tod?!**

**Endlich
wachte er auf,
war es zu spät?
Auf jeden Fall war es gut,
denn Veränderung tat Not!**

**Weil:
Es gibt doch wirklich
ein Leben
vor
dem Tod!!!**

michael steven

Hinweise zur Gestaltung des persönlichen Sonnenaufgangs

Fortschritt ist allemal besser als Rückschritt! Fortschreiten, sich entwickeln, etwas neues, anderes Tun oder Denken ist konstruktiv und förderlich. Fortschreiten bereichert, es werden neue Erfahrungen gemacht, lässt persönlich wachsen und reifen.

Freiheit muss sich jeder Suchtkranke hart erarbeiten. Denn diese Arbeit ist der einzige Weg, um vom Suchtmittel loszukommen.

Gedanken sind frei, doch man muss sie auch Denken wollen.

Geduld: Abwarten, den richtigen Zeitpunkt wählen und nichts zu schnell zu wollen.
Die Suchtmittel stillten allerdings jede Ungeduld, gaben sofort alles und hatten dann irgendwann auch keine Geduld mehr, wollten alles und das immer exzessiver.

Gelassenheit ist für den modernen Menschen enorm wichtig, weil dieser ja tagtäglich aufgefordert wird, im Strom der Zeit, quasi rastlos, mit zu schwimmen. Um das aber auf die Dauer durchhalten zu können, braucht der Mensch Atempausen im Alltag, die das Lebenstempo herunterschrauben und ihn wieder Mensch werden lassen, zur Unterscheidung von der Maschine.
Tee trinken, Kaffee trinken, ein Gespräch, ein Durchatmen und auf sich konzentrieren, Entspannungsübungen, Kurzschlaf – all das sind Atempausen, um wieder gelassener zu werden und der Gelassenheit im Alltag Raum zu geben.

Wie der Sysiphos, der immer wieder den Stein den Berg heraufrollen musste, und dadurch seinen ganz persönlichen Sinn erhielt, hatte er eine Kugel am Bein, mit der er sich nur langsam fortentwickeln konnte.
Diese Kugel, geformt aus Leid, Opferhaltung, Unverstandensein, Kränkungen und der Abhängigkeit von Menschen und Suchtmitteln, gab ihm Identität.
Albert Camus sagte: „Man muss sich Sysiphos als glücklichen Menschen vorstellen..." – der mit der Kugel war kein glücklicher Mensch.
Trotzdem schleppte er die Kugel manches Jahr, bis er merkte, dass sein Leben aus Wichtig anderem bestehen könnte als dem Schleppen genau dieser Kugel.
UND ENDLICH BEFREITE ER SICH!
Es war sehr schmerzhaft, aber er gewann eine neue Identität:

DIE DES BEFREITEN!!!

michael steven

Verlässlich sein
Es kommt auf mich an
Rat annehmen
Antworten geben
Nicht mutlos sein
Taten sprechen lassen
Wahrheit ist wichtig
Oberflächlichkeit aufgeben
Richtung kennen
Trauer nicht alleine tragen
Ungerechtigkeiten ansprechen
Nicht nur egoistisch sein
Genauigkeit

michael steven

THERAPIE
bedeutet:
Abbau
war
gestern!

Ab
heute
nur
noch Aufbau,
und das
bei jedem
„Wetter"!!!

michael steven

Orientierung
   Regelhaftes Leben
      Durchblick haben
         Normiertes Leben?
           Ueberblick behalten
              Nicht willkürlich
                 Grenzen kennen

michael steven

Hinweise zur Gestaltung des persönlichen Sonnenaufgangs

Gemeinschaft ist für Suchtkranke unerlässlich. Die Sucht ist eine den Abhängigen isolierende Krankheit. Es gibt in der Suchtphase nur den Abhängigen und das Suchtmittel – alles andere ist dem untergeordnet. Im Prozess der Gesundung und auf dem Weg der Festigung der Abstinenz von Suchtmitteln ist es daher unbedingt notwendig, dass sich die/der suchtkranke Mensch Gemeinschaften anschließt, um den Isolationswünschen etwas entgegensetzen zu können.

Glück findet man der, der danach sucht und bereit ist es zu finden.

Hoffnung auf Veränderung muss ein Fundament haben: Teilnahme an einer Selbsthilfegruppe, Beratung in Anspruch nehmen und sich aktiv auch weiterhin mit der Suchtkrankheit auseinandersetzen.

Nur wenn ich genau hin**höre**, dem anderen Gehör schenke, kann ich ihn mit seinen Anliegen verstehen und mich dann auch verständlich machen. Gutes (zu)hören kann Missverständnisse verhindern.

Humor ist wenn man trotzdem lacht:
Im Magen ruht friedlich ein Kartoffelsalat, da kommt von oben ein Schnaps herein. Fragt der Kartoffelsalat: „Wer bist Du denn!?" Sagt der Schnaps: „Ich bin ein doppelter

Schnaps, mich hat der Müller spendiert!" Es kommt noch ein Schnaps, wieder fragt der Kartoffelsalat: „Wer bis Du denn?" Sagt der Schnaps: „Ich bin ein doppelter Schnaps, mich hat der Müller spendiert!" Es kommen noch weitere 5 Schnäpse, da sagt der Kartoffelsalat: „Ihr habt mich neugierig gemacht, den Müller schau ich mir jetzt mal an!"

Lachen ist gesund!

Ein wichtiger Satz auf dem Weg zur Abstinenz!

michael steven

In der Therapie

Endlich
spüre
ich
die beginnende
Veränderung
auch
körperlich:
- Ich kann besser schlafen
- Habe positive Gedanken
- Bin zukunftsorientiert
  und dankbar.

michael steven

**Das
Leben
in all
seiner
Vielfältigkeit
kann
mann oder frau
nur
erleben,
wenn
mann oder frau
offen und klar
sieht,
den verstellten Blick
frei macht,
sich selbst
befreien will.**

michael steven

Endlich
konnte
sie
wahrnehmen
wie das Leben
wirklich war:
                     Nicht
                     eintönig,
                     suchtgrell,
                     katerschwarz
                     oder
                     giftnebelig
                     sondern
vielfarbig,
deutlich,
klar,
einfach
wunderschön
und
realistisch!!!

michael steven

Hinweise zur Gestaltung des persönlichen Sonnenaufgangs

Ich zu sagen bedeutet für manche Menschen egoistisch zu sein.
Ich sagen bedeutet sich nicht mehr zu verstecken, sondern Verantwortung für das zu übernehmen, was ich sage und denke und vor allem wie ich gehandelt habe und zukünftig handeln will. Ich zu sagen ist notwendig in einer Welt, in der viele Dinge verallgemeinert werden.

Ideale zu haben, Vorbilder denen man nacheifern kann, sind wesentliche Eckpunkte in der Entwicklung des Menschen hin zum verantwortlichen Erwachsenen.
Ideale vermitteln Ideen, Werte, Haltungen und zeigen wie das Leben sinnvoll gestaltet werden kann – ein Leben in der Gemeinschaft mit anderen und in der Auseinandersetzung mit Ideen und Werten.

Kommunikation ist der Dreh- und Angelpunkt des Lebens. Ohne Austausch und Gespräch keine Weiterentwicklung. Kommunikation ermöglicht und festigt die Abstinenz. Allerdings benötigt Kommunikation Offenheit und Vertrauen. In unserer Zeit, in der Kommunikation oder das miteinander Reden weitgehend technisiert und auch minimalisiert ist, kann ein echtes Gespräch sehr wertvoll, hilfreich und wohltuend sein.

Konflikte können das Leben erschweren , jedoch vor allem auch bereichern, je nach dem wie man mit dem/den Konflikt/en umgeht, ob man bereit ist nach Lösungen zu suchen und sie dann auch gemeinsam findet.

Konsequenz ist das wirksamste Mittel gegen die Sucht und vor allem den Rückfall. Konsequent sein bedeutet Nein sagen zum Suchtmittel, weil es schädigt und dem Leben die Qualität nimmt.

> **Gegen**
> **alle**
> **Skepsis**
> **derer**
> **die**
> **es**
> **meinen**
> **besser**
> **zu wissen,**
> **ging**
> **er seinen Weg,**
> **ließ er**
> **sich nicht verbiegen,**
> **hat er**
> **Orientierung**
> **für ein**
> **sinnvolles Leben**
> **gefunden.**
> **michael steven**

Im
Einklang
mit sich
selbst
zu sein
bedeutet:
Sich
bei sich selbst
gut
auszukennen
und
nicht
auf
jede Frage
eine
Antwort
zu
wissen.

michael steven

Leichtigkeit spüren

Alltag vergessen

Clown sein

Humor würzt das Leben

Engstirnigkeit ablegen

Nonkonformes Verhalten

michael steven

Befreien
Sie
sich
selbst:
Lachen
Sie
häufiger
Mal
über sich
selbst
und
entspannen
Sie sich
dabei!
Nur so
ist der
Ernst des Lebens
zu
ertragen.

michael steven

Hinweise zur Gestaltung des persönlichen Sonnenaufgangs

Kraft und Energie sind notwendig, um die Sucht in ihren Schranken zu halten. Kraft bedeutet in diesem Zusammenhang, dass der abstinent Lebende sich darum bemühen muss, seine Ressourcen zu aktivieren und sie einsetzen muss, wenn das Suchtmittel sein Recht verlangt und so der Wunsch entsteht wieder zu konsumieren.

Kreativität: Suchtkranke sind häufig sensible, kreative Menschen.

Krise sollte immer auch als Chance begriffen werden. Wie soll das gehen?
Eine Krise entsteht, weil irgendetwas blockiert ist, nicht mehr weiter geht, das Gewohnte gestört ist. Nun gibt es einerseits die Möglichkeit darüber zu jammern und zu lamentieren, andererseits aber kann man sich auch auf den Weg machen und überlegen: Wie kommt es jetzt zur Krise? Was hält mich, hält uns auf? Warum stecke/n ich/wir in einem „Loch"? Dies und die Überlegungen zu einer Veränderung wären der kreative Umgang mit einer Krise und damit eine Chance.

Lachen ist gesund. Für Suchtkranke ist es unerlässlich: Eine gute Laune wirkt abstinenzsichernd. Mittlerweile gibt es Lachgruppen, Lachyoga – die befreiende und aufbauende Wirkung des Lachens ist allgemein bekannt. Lachen öffnet Türen zum Mitmenschen.

Loslassen ist in der Regel das Schwierigste im Leben. Als Eltern muss man die Kinder loslassen, in der Partnerschaft hilft klammern wenig und beim unvermeidlichen Tod eines nahen Menschen muss man eben auch loslassen – ihn oder sie gehen lassen. Loslassen begegnet uns immer wieder im Laufe unseres Lebens – und wir müssen loslassen, wollen wir gesund bleiben.

Oft
hatte er
aus Angst
vor anderen
regelrecht
„die Hosen voll".

Dann
lernte
er
über vieles zu
LACHEN.

Und
hatte
häufig
Tränen in den Augen,
vor
Lachen,
statt „die Hosen voll".

michael steven

Er kam aus dem Land Lachnicht, mit ernsten Augen und festgefahrenen Gesichtszügen.
Er hatte eine lange, dürre Strecke zurückgelegt, fühlte sich kraftlos, mutlos und schwach.
Er war geflohen, weil er in der öden Heimat nicht mehr Leben konnte, keine Luft mehr bekam.
So überschritt er heimlich die Grenze zum Nachbarland Lachmal.
Alles hier war so anders, grün, angenehm, entspannt.
Zuerst veränderten sich seine Augen, wurden lebhaft, dann kam Bewegung in sein Gesicht und zum Schluss brach sich ein Lachen Bahn, dass schon lange darauf gewartet hatte, frei gelassen zu werden.

michael steven

LACHEN
hat
überhaupt
nichts
mit
LÄCHERLICHKEIT
zu
tun.

Lächerlichkeit
macht
stumm
kraftlos
mutlos.

Es
ist
das
Gegenteil
von
LACHEN

michael steven

TROCKENHEIT
ABSTINENZ
CLEAN-SEIN,
wesentliche
Dinge
die es
für
Suchtkranke
zu erreichen
gilt!
Aber vergessen
Sie
nicht
zwischendurch
auch
herzlich zu Lachen.
Das ist menschlich!

michael steven

Hinweise zur Gestaltung des persönlichen Sonnenaufgangs

Menschenkenntnis hat mit Erfahrung zu tun, dem Umgang mit vielen verschiedenen Menschen, unterschiedlichen Kulturen und Denkgewohnheiten. Menschenkenntnis gibt Sicherheit im Umgang mit anderen und: Man lernt immer noch etwas hinzu, ist offen für neue Erfahrungen.

Misserfolg kann Resignation, Ernüchterung oder Ansporn bewirken.
Resignation bewirkt der Misserfolg dann, wenn keine Hoffnung mehr auf Veränderung besteht, wenn der Erfolg selbst nicht mehr zugetraut wird oder nicht möglich ist.
Ernüchterung bedeutet, wach zu werden beim Misserfolg - wenn man bis dato geschlafen hat. Den Schleier vor den Augen wegziehen, wenn die richtige Sicht auf den Erfolg versperrt ist.
Ansporn bewirkt ein Misserfolg immer dann, wenn man Rückschläge hinzunehmen gelernt hat und die Motivation aufrechterhalten kann. Die meisten Menschen lernen dies in der Kindheit, andere müssen sich diesem Lernprozess später stellen.

Motivation, Anregung, Anreiz, Ansporn, Anstoß, Beweggrund, Impuls, Stimulus, treibende Kraft, Triebfeder, Impetus, Initiative, Anlass, Antrieb – mehr muss man dazu nicht sagen.

Mut bedarf es immer – zum Leben aber auch zum Sterben.
Zum Sterben braucht es Mut, weil dies die letzten Schritte des Menschen sind und ein bewusstes sich dem Tod stellen sehr viel Angst machen kann. Hier ist es sicherlich wichtig diesen letzten Weg nicht alleine zu gehen oder gehen zu müssen.
Mut zum Leben, weil es ja doch viele Dinge gibt, die nicht so einfach zu bewältigen sind, wo man vielleicht etwas klären will und es dann doch nicht tut, weil einem der Mut fehlt. Wo man Fehler korrigieren müsste und es bleiben lässt, weil es zu schwierig ist. Mut braucht auch derjenige der sich seinen Lebensproblemen in einer Therapie stellen will. Nämlich den Mut, sich seinen eigenen Abgründen und blinden Flecken zu stellen, um Veränderungen einzuleiten.

Heute schon gelacht?

Ueberlegenheit

Mutig werden und sein

Oberwasser haben

Richtig gut fühlen

michael steven

S T R E S S
gibt
es
immer
im
Leben –
aber
auch
die
Möglichkeit
sich
ohne
Alkohol oder Drogen
zu
entspannen.

Die
Wahl
hat
jeder
einzelne.

michael steven

Entspannung
ist
doch
ganz
einfach:
- **Augen schießen**
- **sich auf sich konzentrieren**
- **ruhig atmen**
- **abschalten**
- **loslassen**
- **entspannen!!!**

michael steven

Um
Kriege
Krisen
Konflikte
Missverständnisse
Unstimmigkeiten
zu vermeiden,
braucht
man
im Großen
wie
im Kleinen
das
gemeinsame
GESPRÄCH –
anders
geht
es
nicht!!!!

michael steven

Hinweise zur Gestaltung des persönlichen Sonnenaufgangs

Niederlage bedeutet nicht, sich niederlegen und liegen bleiben! Es gibt immer die Möglichkeit auch wieder aufzustehen.

Oberflächlichkeit vermeiden: Unternehmen Sie hin und wieder Mal einen Tauchgang in die Tiefen ihrer Seele und lernen sie sich mehr und mehr kennen – eine lebenslange Aufgabe.

Offenheit erwarten wir in der Behandlung oft von unseren Patienten, obwohl die das in der Regel nicht gelernt haben. Offenheit ist somit ein Lernprozess, der einhergeht mit Vertrauen fassen und der zunehmenden Erkenntnis, dass Offenheit Türen öffnet und zur Gesundung beiträgt.

Mit **Ohnmacht** ist nicht das ohnmächtig werden gemeint, sondern das Gefühl der Hilf- und Machtlosigkeit in manchen Lebenssituationen, die lähmen oder auch sprachlos sein lassen.
Wesentlich ist es, den Teufelskreis aus Ohnmacht und Unterwerfung, bzw. Resignation zu durchbrechen und die eigenen Mächte und Stärken zu erkennen.

Eine gewisse **Ordnung** und Systematik im Leben kann schon ein strukturierendes Element für das eigene Leben sein. Ein Zuviel an Ordnung und Struktur allerdings kann auch krank machen und in die Einsamkeit führen.

ABSTINENZ

Wenn
man
etwas
wirklich will,
muss man es
auch wirklich
wollen
und
sich
dafür einsetzen,
egal wie
schwer es einem
fällt.

Wie gesagt,
wenn man
etwas
wirklich
will.

   michael steven

**Wer
einen
Berg
besteigen
und auf dem
Gipfel stehen
will,
kann
nicht erwarten,
das
der Gipfel
ins Tal
kommt.**

michael steven

**Nicht
im Rückzug
und
der Isolation,
sondern
im
Suchen
des Gesprächs
und
Finden-wollen
des Austauschs
liegt der
Schlüssel
zur
Abstinenz
von
Suchtmitteln.**

michael steven

Wir bieten:
Hilfe zur Selbsthilfe,
Gemeinschaft,
Wege aus der Isolation,
Zugehörigkeit,
Akzeptanz,
Zuhören
und
erwarten Sie:
Mit
ihren
Anliegen
und
Ideen

Die Selbsthilfegruppe

michael steven

Hinweise zur Gestaltung des persönlichen Sonnenaufgangs

Ein **Original** zu sein heißt, unverfälscht zu sein, so zu sein wie man ist und nicht vorzugeben wie man sein könnte oder möchte. Ein Original ist immer auch ein interessanter Mensch, weil er vieles besitzt, was andere gerne hätten. Lieber ein Original als eine Kopie!

Patient sein bedeutet, dass Behandlung sich in Handlung umwandeln muss, damit der an etwas Leidende zum Gestalter seines eigenen Lebens wird, seinen Patientenstatus nach und nach verliert und Zufriedenheit für sein eigenes Leben einkehrt.

Die Entwicklung der **Persönlichkeit** als permanenter Prozess ist notwendig für eine zufriedene und stabile Abstinenz.

Für **Phantasie** muss Raum sein – Raum und Zeit für Phantasie fehlte oft im Leben von Suchtpatienten. Häufig war Druck und Zwang vorherrschend. Viele PatientInnen kommen in der Therapie ihrer eigenen Phantasie wieder auf die Spur, probieren diese aus, finden einen kreativen Zugang zu sich, können sich plötzlich nicht nur durch Worte ausdrücken, sondern auch durch ihre Phantasie.

Die Hinwendung zu **positiv**en, aufbauenden Elementen im Leben muss von Suchtpatienten häufig nachgeholt werden, soll das Leben und die Abstinenz gelingen.

SUCHT
bedeutet
RÜCKZUG
ISOLATION
EINSAMKEIT!!!
Von daher
braucht
derjenige,
der abstinent
Leben möchte:
Menschen, die ihn verstehen
Menschen, die ihn auffangen
Menschen, die für ihn da sind.
Er braucht
eine
SELBSTHILFEGRUPPE

.

michael steven

Entspannung
suchen
ist
wichtig
in
einer Zeit
und
einer Welt,
die
immer
enger,
angespannter
und
atemloser
wird.

michael steven

Man kommt nur dann zum Ziel, wenn man voranschreitet.

michael steven

An das Suchtmittel...

Ich habe
Dich
als jemanden
kennen gelernt
der
gut zu mir war.
Dem ich
vertrauen konnte.
Der mir
weiterhalf,
mich beruhigte.

        Dann
        warst Du ständig da,
        hast mich
        überall hin begleitet.
        Ich war
        nicht mehr allein,
        hatte Kontakt zu anderen.
        Oft war es lustig,
        manchmal übermütig.
        Ich konnte aber auch mit Dir
        abschalten,
        mich mit Dir
        stärken
        und
        trösten.

Und
irgendwann
hast Du
mich
beherrscht:
Ich brauchte Dich plötzlich!
War ohne Dich
alleine,
verlassen,
hilflos,
niemand mehr!!

,
        Und jetzt
        will ich Dich nicht mehr,
        weil ich
        mich
        selbst
        beherrschen
        möchte!!!

                michael steven

Hinweise zur Gestaltung des persönlichen Sonnenaufgangs

Probleme sind dazu da gelöst zu werden.

Profil schärfen, sich nicht mehr verstecken, deutlich machen wer ich bin, was ich will, was man von mir erwarten kann und wo man auf mich zählen kann – all das gehört zu einem Leben ohne Suchtmittel.

Reden – wer etwas will, muss sagen was er will, also Sprechen, also reden! So einfach ist das!!!

Reife Früchte schmecken gut, tun gut. Reife – ja was ist das im Zwischenmenschlichen? Vielleicht die Erkenntnis, dass jeder Mensch für sein Leben selbst verantwortlich ist, dieses Leben planen und sinnvoll nutzen sollte und die Konsequenzen seines Handelns, Tuns und Lassens selber zu tragen hat. Reife Menschen tuen gut!!

Abstinenz anstreben bedeutet: Der **Resignation** in eigenen Leben eine Abfuhr zu erteilen! Stattdessen geht es darum Stärke, Energie und Kraft aufzubauen, sowie Quellen dafür zu schaffen die diese speisen.

**Ich bin
ein
wichtiger
und
fähiger
Mensch!!!**

**Dieser
Satz
sollte
das
Ergebnis
der Therapie
verdeutlichen.
WENIGSTENS!!!!!!**

michael steven

**Mittlerweile
waren
ihr Ziele
wichtig geworden,
Sie wollte
endlich einmal
dort ankommen,
wo sie auch
wirklich
hin wollte.
Nicht wo sie
zufällig landete.**

michael steven

POSITIV DENKEN
bedeutet,
ich freue mich
über alles,
das meine Sinne
anregt und
mich
fordert
und
fördert.

michael steven

WAS TUN!!!!
Endlich
was
tun!
Statt:
Immer nur so
zu tun,
als
täte
man
was!!!!!!

michael steven

**Endlich
die Verantwortung
für
dein Leben
selber übernehmen,
hat etwas
Befreiendes:
Du hast nämlich
die Möglichkeit,
dich von vielem,
was dich gebunden
und
unfrei gemacht hat,
zu lösen.**

michael steven

Hinweise zur Gestaltung des persönlichen Sonnenaufgangs

Respekt verdient jeder Patient, der sich in Therapie begibt und damit sein Leben und seine Krankheit auf den Prüfstand stellt, um so einen Weg der Veränderung und Gesundung zu finden. Respekt deshalb, weil der ganze Mensch gefragt und Therapie nichts für Feiglinge ist!

Schweigen kann ein Zeichen von In-sich-ruhen sein, abwartend sich verhalten, den Wunsch haben, dem Lärm des Alltags nicht noch mehr Lärm hinzuzufügen.

Selbst, Selbstachtung, Selbstbestimmung, Selbstbewusstsein, Selbsterkenntnis, Selbstfindung, Selbsthilfe, Selbstkritik, Selbstsicherheit, Selbstverantwortung, Selbstvertrauen sind wesentliche Elemente in der Therapie und unerlässliche Bausteine für eine zufriedene Abstinenz.

Mit **Stress** gesund umgehen kann nur der, welcher Atempausen im Alltag einlegt, sei es durch Entspannungsübungen, Ruhepausen oder einfach nur durch bewusstes ein- und ausatmen für ein paar Minuten, um sich dadurch seines eigenen Rhythmus wieder zu erinnern.

Sucht ist immer und bei jedem Menschen anders und jeder Mensch muss seinen persönlichen Weg aus seiner Sucht finden. – Schwierig aber durchaus möglich.

**Wie komme
ich aus dem
Chaos der
Drogenabhängigkeit
heraus?**

**Niemals den
einfachen Weg gehen,
sich anstrengen,
Niederlagen trotzen
und immer wissen:
Die Alternative heißt:
        Sturz ins
        Chaos!!!**

michael steven

„Über
was soll
ich mich
freuen?"

Fragte der
Mensch,
der mit
seiner Sucht
in die
Entgiftung
kam.

„Über die
Vielfalt des
Lebens!"
entgegnete er sich
selber
am Ende der
Therapie.

michael steven

„Ich bin
mit meinem
Leben zufrieden!
Vertrete
meine Meinung und
brauche mich nicht zu
verstecken!"

Für einen
solchen Satz
brauchen
manche
Menschen
Jahre
oder auch
Jahrzehnte.

michael steven

**Wer
immer
nur
arbeitet,
leistet
und
strebt,
verpasst
sein
Leben
und
viele
schöne
Momente.**

michael steven

Hinweise zur Gestaltung des persönlichen Sonnenaufgangs

Täuschung, sich täuschen, gehört zum Leben und man muss sich darauf vorbereiten, dass man getäuscht werden kann – kein Beinbruch, das Leben geht weiter!

Träume sind die Grundvoraussetzung für die Erreichung von Zielen: Erst davon träumen, wie es sein könnte, was werden soll im Leben und dann diesen Traum Stück für Stück umsetzen.

Verletzlichkeit ist zugleich auch ein Merkmal von Menschlichkeit, denn niemand ist perfekt und jeder Mensch hat Gefühl und Seele.

Verluste gehören zum Menschsein und deren Verarbeitung lässt den einzelnen Menschen reifen und sich weiterentwickeln.

Wer permanentes Nicht-**Versagen** fordert wird Versagen fördern. Doch Versagen ist menschlich, niemand ist eine Maschine, die immer auf Höchstleistung laufen kann.

Ein
Suchtkranker
der
gesund Leben will,
hat die
Aufgabe,
Verbindung
zum
Leben
zu halten,
sich nicht
zu
verschließen.
Denn im
Verschließen
liegt der
Schlüssel
zum Rückfall.

michael steven

Endlich
dem Leben
begegnen,
Vermeidung vermeiden,
Probleme angehen,
Konflikte lösen,
bedeutet
sich
zu verändern
und
sich aus der Sucht
zu lösen.

michael steven

EIGENSTÄNDIGKEIT

**Selber
für sich einstehen
und
die Verantwortung
für sich übernehmen
hilft bei der Abstinenz
ungemein.**

michael steven

Hinweise zur Gestaltung des persönlichen Sonnenaufgangs

Jeder Mensch hat seine eigene **Wahrheit**, seine Sichtweise von einer Sache, die er aufgrund seines Wissens und seiner Vorerfahrungen bewertet. Das muss man wissen.

Wege gibt es ganz viele im Leben. Immer wieder sind wir aufgefordert uns Gedanken darüber zu machen, welchen Weg, welche Wege wir gehen, wem wir vertrauen und wo wir uns Rat für den Weg holen wollen. Solange der Mensch lebt, gibt es Wege die er zu beschreiten hat.

Weisheit ist etwas, das sich im Laufe des Lebens entwickeln kann – jedoch nicht muss!

Der **Wille** ist nicht einfach so vorhanden, er muss aufgebaut und immer wieder gestärkt werden.

Ohne **Ziel** ist der Mensch orientierungslos und torkelt quasi durch sein Leben, abhängig von dem, was man für ihn als Ziel bestimmt.

Das Leben wahrzunehmen, so wie es ist, bedeutet suchtmittelfrei zu werden oder zu sein

michael steven

Im Verlag BOD ist im Jahr 2012 mein Buch „SUCHT – Motivation für schwierige Zeiten" – Ein SUCH — und FINDE-Buch zur persönlichen Orientierung bei Suchterkrankung und in schwierigen Lebenslagen erschienen. Etwa 2010 wurden meine Gedichte im gleichen Verlag unter dem Titel „Was wirklich zählt ist Frieden" veröffentlicht. Käuflich erwerben kann man ebenfalls noch ein Fachbuch zur Supervision.

Michael Steven